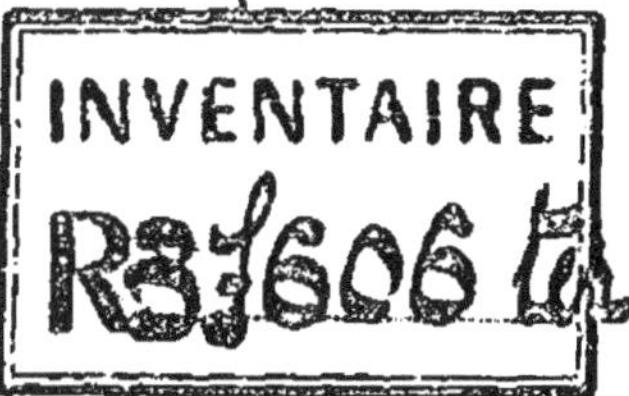

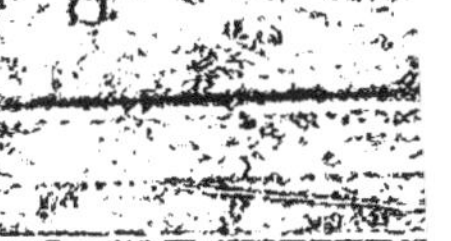

GRAND JEU
DE SOCIÉTÉ.
PRATIQUES SECRÈTES
DE MLLE LE NORMAND.

LE JEU DE LA FORTUNE

OU

RÉPONSES DES DIEUX, DÉESSES, DEMI-DIEUX, HÉROS,
ET GRANDS HOMMES DE L'ANTIQUITÉ
AUX QUESTIONS QUI LEUR SONT ADRESSÉES SUR
LES DESTINÉES HUMAINES,

PAR MME LA COMTESSE DE ***.

Orné d'une Gravure et avec une Roue métallique.

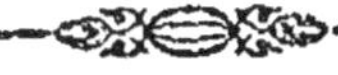

4me Partie.

PARIS.
CHEZ L'ÉDITEUR,
46, RUE VIVIENNE, AU PREMIER.

1845.

R

LE

JEU DE LA FORTUNE.

SAINT-DENIS. — IMPRIMERIE DE PREVOT ET DROUARD.

GRAND JEU DE SOCIÉTÉ

PRATIQUES SECRÈTES

DE Mlle LE NORMAND.

LE

JEU DE LA FORTUNE

OU

RÉPONSES DES DIEUX, DÉESSES, DEMI-DIEUX

ET HÉROS DE L'ANTIQUITÉ,

AUX QUESTIONS QUI LEUR SONT ADRESSÉES

SUR LES DESTINÉES HUMAINES,

PAR Mme LA COMTESSE DE ***.

PARIS.

AU DÉPOT DU GRAND JEU DE SOCIÉTÉ,

46, rue Vivienne, au premier.

1845.

FORTUNE II.

Quest.	ORACLES.	Pages.	Quest.	ORACLES.	Pages.
31.	Les Tritons.	31	46.	Junon.	16
32.	Les Satyres.	30	47.	Bellone.	15
33.	Les Faunes.	29	48.	Aurore.	14
34.	Les Nymphes.	28	49.	Vénus.	13
35.	Les Muses.	27	50.	Cérès.	12
36.	Les Sibylles.	26	51.	Vesta.	11
37.	Féronie.	25	52.	Mercure.	10
38.	Latone.	24	53.	Apollon.	9
39.	Pomone.	23	54.	Pan.	8
40.	Cybèle.	22	55.	Vulcain.	7
41.	Flore.	21	56.	Bacchus.	6
42.	Thémis.	20	57.	Mars.	5
43.	Minerve.	19	58.	Pluton.	4
44.	Diane.	18	59.	Neptune.	3
45.	Proserpine.	17	60.	Saturne.	2

FORTUNE III.

ORACLES.			ORACLES.		
Quest.		Pages.	Quest.		Pages.
1.	Saturne.	2	16.	Janus.	47
2.	Jupiter.	1	17.	Priape.	46
3.	Caron.	60	18.	Séraphis.	45
4.	Rhadamante.	59	19.	Momus.	44
5.	Minos.	58	20.	Éole.	43
6.	Prométhée.	57	21.	Cerbère.	42
7.	Aristée.	56	22.	Les Furies.	41
8.	Esculape.	55	23.	Les Lamies.	40
9.	Persée.	54	24.	Les Harpies.	39
10.	Orphée.	53	25.	Les Syrènes.	38
11.	Atlas.	52	26.	Les Géants.	37
12.	Achille.	51	27.	Les Parques.	36
13.	Hercule.	50	28.	Les Génies.	35
14.	Thésée.	49	29.	Les Lares.	34
15.	Jason.	48	30.	Les Pénates.	33

FORTUNE III.

ORACLES.			ORACLES.		
Quest.		Pages.	Quest.		Pages.
31.	Les Centaures.	32	46.	Proserpine.	17
32.	Les Tritons.	31	47.	Junon.	16
33.	Les Satyres.	30	48.	Bellone.	15
34.	Les Faunes.	29	49.	Aurore.	14
35.	Les Nymphes.	28	50.	Vénus.	13
36.	Les Muses.	27	51.	Cérès.	12
37.	Les Sibylles.	26	52.	Vesta.	11
38.	Féronie.	25	53.	Mercure.	10
39.	Latone.	24	54.	Apollon.	9
40.	Pomone.	23	55.	Pan.	8
41.	Cybèle.	22	56.	Vulcain.	7
42.	Flore.	21	57.	Bacchus.	6
43.	Thémis.	20	58.	Mars.	5
44.	Minerve.	19	59.	Pluton.	4
45.	Diane.	18	60.	Neptune.	3

FORTUNE IV.

Quest.	ORACLES.	Pages.	Quest.	ORACLES.	Pages.
1.	Neptune.	3	16.	Jason.	48
2.	Saturne.	2	17.	Janus.	47
3.	Jupiter.	1	18.	Priape.	46
4.	Caron.	60	19.	Séraphis.	45
5.	Rhadamante.	59	20.	Momus.	44
6.	Minos.	58	21.	Éole.	43
7.	Prométhée.	57	22.	Cerbère.	42
8.	Aristée,	56	23.	Les Furies.	41
9.	Esculape.	55	24.	Les Lamies.	40
10.	Persée.	54	25.	Les Harpies.	39
11.	Orphée.	53	26.	Les Syrènes.	38
12.	Atlas.	52	27.	Les Géants.	37
13.	Achille.	51	28.	Les Parques.	36
14.	Hercule.	50	29.	Les Génies.	35
15.	Thésée.	49	30.	Les Lares.	34

FORTUNE IV.

ORACLES.			ORACLES.		
Quest.		Pages.	Quest.		Pages.
31.	Les Pénates.	33	46.	Diane.	18
32.	Les Centaures.	32	47.	Proserpine.	17
33.	Les Tritons.	31	48.	Junon.	16
34.	Les Satyres.	30	49.	Bellone.	15
35.	Les Faunes.	29	50.	Aurore.	14
36.	Les Nymphes.	28	51.	Vénus.	13
37.	Les Muses.	27	52.	Cérès.	12
38.	Les Sibylles.	26	53.	Vesta.	11
39.	Féronie.	25	54.	Mercure.	10
40.	Latone.	24	55.	Apollon.	9
41.	Pomone.	23	56.	Pan.	8
42.	Cybèle.	22	57.	Vulcain.	7
43.	Flore.	21	58.	Bacchus.	6
44.	Thémis.	20	59.	Mars.	5
45.	Minerve.	19	60.	Pluton.	4

FORTUNE V.

FORTUNE V.

ORACLES.		ORACLES.	
Quest.	Pages.	Quest.	Pages.
31. Les Lares.	34	46. Minerve.	19
32. Les Pénates.	33	47. Diane.	18
33. Les Centaures.	32	48. Proserpine.	17
34. Les Tritons.	31	49. Junon.	16
35. Les Satyres.	30	50. Bellone.	15
36. Les Faunes.	29	51. Aurore.	14
37. Les Nymphes.	28	52. Vénus.	13
38. Les Muses.	27	53. Cérès.	12
39. Les Sibylles.	26	54. Vesta.	11
40. Féronie.	25	55. Mercure.	10
41. Latone.	24	56. Apollon.	9
42. Pomone.	23	57. Pan.	8
43. Cybèle.	22	58. Vulcain.	7
44. Flore.	21	59. Bacchus.	6
45. Thémis.	20	60. Mars.	5

FORTUNE VI.

ORACLES.			ORACLES.		
Quest.		Pages.	Quest.		Pages.
1.	Mars.	5	16.	Hercule.	50
2.	Pluton.	4	17.	Thésée.	49
3.	Neptune.	3	18.	Jason.	48
4.	Saturne.	2	19.	Janus.	47
5.	Jupiter.	1	20.	Priape.	46
6.	Caron.	60	21.	Séraphis.	45
7.	Rhadamante.	59	22.	Momus.	44
8.	Minos.	58	23.	Éole.	43
9.	Prométhée.	57	24.	Cerbère.	42
10.	Aristée.	56	25.	Les Furies.	41
11.	Esculape.	55	26.	Les Lamies.	40
12.	Persée.	54	27.	Les Harpies.	39
13.	Orphée.	53	28.	Les Syrènes.	38
14.	Atlas.	52	29.	Les Géants.	37
15.	Achille.	51	30.	Les Parques.	36

UN MOT DE PRÉFACE.

Ce travail aussi neuf qu'ingénieux, fait d'après une méthode claire et précise, a le double avantage de satisfaire à la fois à d'impatientes et légitimes curiosités, et de mettre sous les yeux du lecteur attentif la poétique histoire de la Mythologie grecque, avec ses symbolismes si spirituels, quand ils ne sont pas d'une vérité et d'une profondeur admirables, ce qu'on ne sait pas assez en France, parce que l'instruction du collége ne l'enseigne pas ainsi. Ce petit ouvrage est en même temps un délassement de l'esprit et une étude aussi profitable à la jeunesse qu'à l'âge mûr. Nous n'avons pas besoin d'ajouter que la moralité, nulle part, n'y fait défaut.

EXPLICATION.

Après avoir choisi la question à laquelle on désire une réponse, il faut tirer au hasard, en faisant tourner la roue, un des douze numéros du J. u de fortune.

Par exemple, je veux savoir si *mes vœux se réaliseront*. Je tire un numéro quelconque. Admettons que j'aie tiré le numéro 6; je vais à la fortune numéro 6, et, dans cette fortune, je cherche 16, numéro de la question, *Mes vœux se réaliseront-ils?* Je trouve, vis-à-vis ce numéro 16, Hercule, page 50. Ce numéro 50 m'indique la page où est l'oracle Hercule, qui doit répondre à ma question; et au numéro 6 de cet oracle, je trouve la réponse:

Oui, car vous êtes né pour les sphères élevées et les hautes vertus.

QUESTIONS.

1. Quelle sera la fortune de l'enfant nouveau-né?
2. Mon enfant vivra-t-il longtemps?
3. Quelle sera ma position dans la société?
4. Dois-je compter sur l'avenir?
5. Continuerai-je la profession de mon père?
6. Serai-je heureux en ménage?
7. Serai-je heureux dans l'état que j'embrasse?
8. Serai-je estimé dans l'exercice de mes fonctions?
9. Par quels moyens arriver à la fortune?
10. Réussirai-je dans mon entreprise?
11. A quelle opinion appartiendront les députés de cette année?
12. Le ministère actuel durera-t-il longtemps?
13. Que pense l'armée du pouvoir de juillet?
14. Serai-je plus heureux en changeant de condition?
15. Quels sont mes penchants secrets?
16. Mes vœux se réaliseront-ils?
17. L'affaire qu'on me propose doit-elle m'être avantageuse?
18. Mes amis sont-ils sincères?

19. Suis-je aimée de celui auquel je pense?
20. Arriverai-je à une grande fortune?
21. Est-il vrai que j'ai un rival?
22. Quel sera le résultat de mes amours?
23. Quel sera le caractère de mon mari?
24. Mon projet de mariage réussira-t-il?
25. Me marierai-je bientôt?
26. Obtiendrai-je la femme que j'aime?
27. Tiendra-t-on les promesses qu'on m'a faites?
28. Quelle dot aura la femme que j'épouserai?
29. Serai-je assez adroit pour cacher mes vices et mes défauts?
30. Mon amant m'épousera-t-il?
31. La personne à laquelle je me confie sera-t-elle discrète?
32. Me marierai-je plusieurs fois?
33. Aurai-je des enfants!
34. Suis-je grosse d'un garçon ou d'une fille?
35. Mourrai-je avant mon mari?
36. Quel est le véritable sujet de mes dissensions domestiques?
37. Hériterai-je?
38. Quelle personne doit faire ma fortune?
39. Mon amant m'est-il fidèle?
40. L'homme qui me fait la cour est-il généreux?

41. Reverrai-je bientôt le voyageur que j'attends?
42. Retrouverai-je ce que j'ai perdu?
43. Épouserai-je un joli homme?
44. Dois-je craindre les rendez-vous?
45. Gagnerai-je mon procès?
46. Ma femme m'est-elle fidèle?
47. Mes intrigues seront-elles découvertes?
48. Quel sera le caractère de ma femme?
49. Mourrai-je dans l'opulence?
50. Mon cœur restera-t-il longtemps libre?
51. Me remarierai-je?
52. Aurai-je longtemps des adorateurs?
53. Mes domestiques sont-ils fidèles?
54. Gagnerai-je de l'argent cette année?
55. Aurai-je de la célébrité?
56. Gagnerai-je au jeu?
57. Mon mari fréquente-t-il des compagnies de mœurs équivoques?
58. Réussirai-je dans l'état militaire?
59. Mon bonheur sera-t-il durable?
60. De quelles personnes dois-je me défier?

NOTA. Ces questions conviennent aux personnes de l'un et de l'autre sexe.

FORTUNE I.

ORACLES.			ORACLES.		
Quest.		Pages.	Quest.		Pages.
1.	Caron.	60	16.	Séraphis.	45
2.	Rhadamante.	59	17.	Momus.	44
3.	Minos.	58	18.	Éole.	43
4.	Prométhée.	57	19.	Cerbère.	42
5.	Aristhée.	56	20.	Les Furies.	41
6.	Esculape.	55	21.	Les Lamies.	40
7.	Persée.	54	22.	Les Harpies.	39
8.	Orphée.	53	23.	Les Syrènes.	38
9.	Atlas.	52	24.	Les Géants.	37
10.	Achille.	51	25.	Les Parques.	36
11.	Hercule.	50	26.	Les Génies.	35
12.	Thésée.	49	27.	Les Lares.	34
13.	Jason.	48	28.	Les Pénates.	33
14.	Janus.	47	29.	Les Centaures.	32
15.	Priape.	46	30.	Les Tritons.	31

FORTUNE I.

ORACLES.			ORACLES.	
Quest.	Pages.		Quest.	Pages.
31. Les Satyres.	30		46. Bellone.	15
32. Les Faunes.	29		47. Aurore.	14
33. Les Nymphes.	28		48. Vénus.	13
34. Les Muses.	27		49. Cérès.	12
35. Les Sibylles.	26		50. Vesta.	11
36. Féronie.	25		51. Mercure.	10
37. Latone.	24		52. Apollon.	9
38. Pomone.	23		53. Pan.	8
39. Cybèle.	22		54. Vulcain.	7
40. Flore.	21		55. Bacchus.	6
41. Thémis.	20		56. Mars.	5
42. Minerve.	19		57. Pluton.	4
43. Diane.	18		58. Neptune.	3
44. Proserpine.	17		59. Saturne.	2
45. Junon.	16		60. Jupiter.	1

FORTUNE II.

ORACLES.			ORACLES.		
Quest.		Pages.	Quest.		Pages.
1.	Jupiter.	1	16.	Priape.	46
2.	Caron.	60	17.	Séraphis.	45
3.	Rhadamante.	59	18.	Momus.	44
4.	Minos.	58	19.	Éole.	43
5.	Prométhée.	57	20.	Cerbère.	42
6.	Aristée.	56	21.	Les Furies.	41
7.	Esculape.	55	22.	Les Lamies.	40
8.	Persée.	54	23.	Les Harpies.	39
9.	Orphée.	53	24.	Les Syrènes.	38
10.	Atlas.	52	25.	Les Géants.	37
11.	Achille.	51	26.	Les Parques.	36
12.	Hercule.	50	27.	Les Génies.	35
13.	Thésée.	49	28.	Les Lares.	34
14.	Jason.	48	29.	Les Pénates.	33
15.	Janus.	47	30.	Les Centaures.	32

FORTUNE VI.

ORACLES.			ORACLES.		
Quest.		Pages.	Quest.		Pages.
31.	Les Génies.	35	46.	Thémis.	20
32.	Les Lares.	34	47.	Minerve.	19
33.	Les Pénates.	33	48.	Diane.	18
34.	Les Centaures.	32	49.	Proserpine.	17
35.	Les Tritons.	31	50.	Junon.	16
36.	Les Satyres.	30	51.	Bellone.	15
37.	Les Faunes.	29	52.	Aurore.	14
38.	Les Nymphes.	28	53.	Vénus.	13
39.	Les Muses.	27	54.	Cérès.	12
40.	Les Sibylles.	26	55.	Vesta.	11
41.	Féronie.	25	56.	Mercure.	10
42.	Latone.	24	57.	Apollon.	9
43.	Pomone.	23	58.	Pan.	8
44.	Cybèle.	22	59.	Vulcain.	7
45.	Flore.	21	60.	Bacchus.	6

FORTUNE VII.

ORACLES.		ORACLES.	
Quest.	Pages.	Quest.	Pages.
1. Bacchus.	6	16. Achille.	51
2. Mars.	5	17. Hercule.	50
3. Pluton.	4	18. Thésée.	49
4. Neptune.	3	19. Jason.	48
5. Saturne.	2	20. Janus.	47
6. Jupiter.	1	21. Priape.	46
7. Caron.	60	22. Séraphis.	45
8. Rhadamante.	59	23. Momus.	44
9. Minos.	58	24. Éole.	43
10. Prométhée.	57	25. Cerbère.	42
11. Aristée.	56	26. Les Furies.	41
12. Esculape.	55	27. Les Lamies.	40
13. Persée.	54	28. Les Harpies.	39
14. Orphée.	53	29. Les Syrènes.	38
15. Atlas.	52	30. Les Géants.	37

FORTUNE VII.

ORACLES.			ORACLES.		
Quest.		Pages.	Quest.		Pages.
31.	Les Parques.	36	46.	Flore.	21
32.	Les Génies.	35	47.	Thémis.	20
33.	Les Lares.	34	48.	Minerve.	19
34.	Les Pénates.	33	49.	Diane.	18
35.	Les Centaures.	32	50.	Proserpine.	17
36.	Les Tritons.	31	51.	Junon.	16
37.	Les Satyres.	30	52.	Bellone.	15
38.	Les Faunes.	29	53.	Aurore.	14
39.	Les Nymphes.	28	54.	Vénus.	13
40.	Les Muses.	27	55.	Cérès.	12
41.	Les Sibylles.	26	56.	Vesta.	11
42.	Féronie.	25	57.	Mercure.	10
43.	Latone.	24	58.	Apollon.	9
44.	Pomone.	23	59.	Pan.	8
45.	Cybèle.	22	60.	Vulcain.	7

FORTUNE VIII.

Quest.	ORACLES.	Pages.
1.	Vulcain.	7
2.	Bacchus.	6
3.	Mars.	5
4.	Pluton.	4
5.	Neptune.	3
6.	Saturne.	2
7.	Jupiter.	1
8.	Caron.	60
9.	Rhadamante.	59
10.	Minos.	58
11.	Prométhée.	57
12.	Aristée.	56
13.	Esculape.	55
14.	Persée.	54
15.	Orphée.	53
16.	Atlas.	52
17.	Achille.	51
18.	Hercule.	50
19.	Thésée.	49
20.	Jason.	48
21.	Janus.	47
22.	Priape.	46
23.	Séraphis.	45
24.	Momus.	44
25.	Éole.	43
26.	Cerbère.	42
27.	Les Furies.	41
28.	Les Lamies.	40
29.	Les Harpies.	39
30.	Les Syrènes.	38

FORTUNE VIII.

ORACLES.			ORACLES.		
Quest.		Pages.	Quest.		Pages.
31.	Les Géants.	37	46.	Cybèle.	22
32.	Les Parques.	36	47.	Flore.	21
33.	Les Génies.	35	48.	Thémis.	20
34.	Les Lares.	34	49.	Minerve.	19
35.	Les Pénates.	33	50.	Diane.	18
36.	Les Centaures.	32	51.	Proserpine.	17
37.	Les Tritons.	31	52.	Junon.	16
38.	Les Satyres.	30	53.	Bellone.	15
39.	Les Faunes.	29	54.	Aurore.	14
40.	Les Nymphes.	28	55.	Vénus.	13
41.	Les Muses.	27	56.	Cérès.	12
42.	Les Sibylles.	26	57.	Vesta.	11
43.	Féronie.	25	58.	Mercure.	10
44.	Latone.	24	59.	Apollon.	9
45.	Pomone.	23	60.	Pan.	8

FORTUNE IX.

ORACLES.			ORACLES.		
Quest.		Pages.	Quest.		Pages.
1.	Pan.	8	16.	Orphée.	53
2.	Vulcain.	7	17.	Atlas.	52
3.	Bacchus.	6	18.	Achille.	51
4.	Mars.	5	19.	Hercule.	50
5.	Pluton.	4	20.	Thésée.	49
6.	Neptune.	3	21.	Jason.	48
7.	Saturne.	2	22.	Janus.	47
8.	Jupiter.	1	23.	Priape.	46
9.	Caron.	60	24.	Séraphis.	45
10.	Rhadamante.	59	25.	Momus.	44
11.	Minos.	58	26.	Éole.	43
12.	Prométhée.	57	27.	Cerbère.	42
13.	Aristée.	56	28.	Les Furies.	41
14.	Esculape.	55	29.	Les Lamies.	40
15.	Persée.	54	30.	Les Harpies.	39

FORTUNE IX.

ORACLES.			ORACLES.		
Quest.		Pages.	Quest.		Pages.
31.	Les Syrènes.	38	46.	Pomone.	23
32.	Les Géants.	37	47.	Cybèle.	22
33.	Les Parques.	36	48.	Flore.	21
34.	Les Génies.	35	49.	Thémis.	20
35.	Les Lares.	34	50.	Minerve.	19
36.	Les Pénates.	33	51.	Diane.	18
37.	Les Centaures.	32	52.	Proserpine.	17
38.	Les Tritons.	31	53.	Junon.	16
39.	Les Satyres.	30	54.	Bellone.	15
40.	Les Faunes.	29	55.	Aurore.	14
41.	Les Nymphes.	28	56.	Vénus.	13
42.	Les Muses.	27	57.	Cérès.	12
43.	Les Sibylles.	26	58.	Vesta.	11
44.	Féronie.	25	59.	Mercure.	10
45.	Latone.	24	60.	Apollon.	9

FORTUNE X.

Quest.	ORACLES.	Pages.	Quest.	ORACLES.	Pages.
1.	Apollon.	9	16.	Persée.	54
2.	Pan.	8	17.	Orphée.	53
3.	Vulcain.	7	18.	Atlas.	52
4.	Bacchus.	6	19.	Achille.	51
5.	Mars.	5	20.	Hercule.	50
6.	Pluton.	4	21.	Thésée.	49
7.	Neptune.	3	22.	Jason.	48
8.	Saturne.	2	23.	Janus.	47
9.	Jupiter.	1	24.	Priape.	46
10.	Caron.	60	25.	Séraphis.	45
11.	Rhadamante.	59	26.	Momus.	44
12.	Minos	58	27.	Éole.	43
13.	Prométhée.	57	28.	Cerbère.	42
14.	Aristée.	56	29.	Les Furies.	41
15.	Esculape.	55	30.	Les Lamies.	40

FORTUNE X.

ORACLES.			ORACLES.		
Quest.		Pages.	Quest.		Pages.
31.	Les Harpies.	39	46.	Latone.	24
32.	Les Syrènes.	38	47.	Pomone.	23
33.	Les Géants.	37	48.	Cybèle.	22
34.	Les Parques.	36	49.	Flore.	21
35.	Les Génies.	35	50.	Thémis.	20
36.	Les Lares.	34	51.	Minerve.	19
37.	Les Pénates.	33	52.	Diane.	18
38.	Les Centaures.	32	53.	Proserpine.	17
39.	Les Tritons.	31	54.	Junon.	16
40.	Les Satyres.	30	55.	Bellone.	15
41.	Les Faunes.	29	56.	Aurore.	14
42.	Les Nymphes.	28	57.	Vénus.	13
43.	Les Muses.	27	58.	Cérès.	12
44.	Les Sibylles.	26	59.	Vesta.	11
45.	Féronie.	25	60.	Mercure.	10

FORTUNE XI.

ORACLES.			ORACLES.		
Quest.		Pages.	Quest.		Pages.
1.	Mercure.	10	16.	Esculape.	55
2.	Apollon.	9	17.	Persée.	54
3.	Pan.	8	18.	Orphée.	53
4.	Vulcain.	7	19.	Atlas.	52
5.	Bacchus.	6	20.	Achille.	51
6.	Mars.	5	21.	Hercule.	50
7.	Pluton.	4	22.	Thésée.	49
8.	Neptune.	3	23.	Jason.	48
9.	Saturne.	2	24.	Janus.	47
10.	Jupiter.	1	25.	Priape.	46
11.	Caron.	60	26.	Séraphis.	45
12.	Rhadamate.	59	27.	Momus.	44
13.	Minos.	58	28.	Éole.	43
14.	Prométhée.	57	29.	Cerbère.	42
15.	Aristée.	56	30.	Les Furies.	41

FORTUNE XI.

ORACLES.			ORACLES.		
Quest.		Pages.	Quest.		Pages.
31.	Les Lamies.	40	46.	Féronie.	25
32.	Les Harpies.	39	47.	Latone.	24
33.	Les Syrènes.	38	48.	Pomone.	23
34.	Les Géants.	37	49.	Cybèle.	22
35.	Les Parques.	36	50.	Flore.	21
36.	Les Génies.	35	51.	Thémis.	20
37.	Les Lares.	34	52.	Minerve.	19
38.	Les Pénates.	33	53.	Diane.	18
39.	Les Centaures.	32	54.	Proserpine.	17
40.	Les Tritons.	31	55.	Junon.	16
41.	Les Satyres.	30	56.	Bellone.	15
42.	Les Faunes.	29	57.	Aurore.	14
43.	Les Nymphes.	28	58.	Vénus.	13
44.	Les Muses.	27	59.	Cérès.	12
45.	Les Sibylles.	26	60.	Vesta.	11

FORTUNE XII.

ORACLES.			ORACLES.		
Quest.		Pages.	Quest.		Pages.
1.	Vesta.	11	16.	Aristée.	56
2.	Mercure.	10	17.	Esculape.	55
3.	Apollon.	9	18.	Persée.	54
4.	Pan.	8	19.	Orphée.	53
5.	Vulcain.	7	20.	Atlas.	52
6.	Bacchus.	6	21.	Achille.	51
7.	Mars.	5	22.	Hercule.	50
8.	Pluton.	4	23.	Thésée.	49
9.	Neptune.	3	24.	Jason.	48
10.	Saturne.	2	25.	Janus.	47
11.	Jupiter.	1	26.	Priape.	46
12.	Caron.	60	27.	Séraphis.	45
13.	Rhadamante.	59	28.	Momus.	44
14.	Minos.	58	29.	Éole.	43
15.	Prométhée.	57	30.	Cerbère.	42

FORTUNE XII.

ORACLES.			ORACLES.		
Quest.		Pages.	Quest.		Pages.
31.	Les Furies.	41	46.	Les Sibylles.	26
32.	Les Lamies.	40	47.	Féronie.	25
33.	Les Harpies.	39	48.	Latone.	24
34.	Les Syrènes.	38	49.	Pamone.	23
35.	Les Géants.	37	50.	Cybèle.	22
36.	Les Parques.	36	51.	Flore.	21
37.	Les Génies.	35	52.	Thémis.	20
38.	Les Lares.	34	53.	Minerve.	19
39.	Les Pénates.	33	54.	Diane.	18
40.	Les Centaures.	32	55.	Proserpine.	17
41.	Les Tritons.	31	56.	Junon.	16
42.	Les Satyres.	30	57.	Bollone.	15
43.	Les Faunes.	29	58.	Auroro.	14
44.	Les Nymphes.	28	59.	Vénus.	13
45.	Les Muses.	27	60.	Cérès.	12

LES DIEUX.

JUPITER I.

Fils de Saturne et de Rhée, soustrait, dès sa naissance, à la cruauté de son père qui dévorait ses enfants mâles ; il fut élevé chez les Corybantes, et nourri, par les soins des nymphes et des naïades, du lait de la chèvre Amalthée.

Il vainquit les Titans, ennemis de son père, et le replaça sur son trône ; celui-ci, apprenant que le destin lui réservait l'empire de l'univers, chercha à le perdre. Jupiter, justement irrité, le chassa du ciel ; après cette victoire, il partagea l'héritage de Saturne avec ses frères Neptune et Pluton. Le premier eut l'empire des eaux et le second celui des enfers. Après avoir réprimé la révolte de ses frères et sœurs qui voulaient se soustraire à sa domination, il épousa Junon, sa sœur. Ayant enfin triomphé des Géants qui voulaient escalader le ciel, il s'abandonna aux plaisirs de toute espèce.

Ce dieu des hommes et ce roi des dieux, maître du ciel et de la terre, qu'on représente la foudre à la main et l'aigle à ses pieds, est le symbole des hautes ambitions et de la gloire.

1. De quelques jeunes ambitieux qui tourbillonnent autour de vous, pour vous exploiter.

2. Il aura une ambition démesurée, qui pourra le faire arriver à de grands honneurs.

3. Il vivra longtemps et heureux, et il fera la joie et le bonheur de sa famille.

4. Vous vivrez comblé de richesses et d'honneurs.

5. Oui, votre ambition vous élèvera très haut.

6. Que vous en changiez ou non, vos talents élevés vous feront arriver à d'éclatants emplois.

7. Non, parce que vous préfèrerez vite à votre femme la carrière des honneurs et des ambitions irréalisables.

8. Oui, car le but élevé auquel vous aspirez avec courage ne vous fera pas défaut.

9. Oui, à condition que, pour arriver, vous laisserez de côté l'excessif amour-propre qui vous domine.

10. Vous cherchez à acquérir de la gloire, mais vous manquez des facultés qui y mènent.

11. Peut-être, si vous savez attendre avec patience le moment du succès et de la gloire.

12. Ils se croient tous de grands hommes, et la plupart ne sont que des nains ridicules.

SATURNE ou LE TEMPS II.

Fils du Ciel, tua son père d'un coup de faux, et jura, pour régner, à Titan, son frère aîné, de dévorer tous ses enfants mâles. Trompé par Rhée, sa femme, sur la naissance de Jupiter, de Neptune et de Pluton, qui échappèrent à sa voracité, Titan l'accusa d'avoir violé la foi jurée, le vainquit et le fit prisonnier. Jupiter, devenu grand, délivra son père, mais ne tarda pas à le détrôner. Chassé du ciel, Saturne se réfugia en Italie, où Janus, roi du Latium, l'accueillit; ils régnèrent ensuite conjointement et procurèrent à leurs sujets toutes sortes de biens. Ce dieu qui, pendant son séjour en Italie, civilisa les peuples, leur enseigna les sciences, les arts et l'agriculture, rendit son règne si heureux qu'on l'appela l'*âge d'or*. Saturne ne nous pronostique que du bonheur.

On le représente sous la figure d'un vieillard, tenant une faux à la main ou un serpent qui se mord la queue.

1. Oui, vos talents et votre probité vous assurent un bien-être continu.

2. En général, les personnes que vous voyez sont sincères.

3. Il sera porté à étudier avec fruit les sciences et les arts, et il pourra un jour acquérir de la gloire.

4. Il vivra longtemps, et s'occupera avec succès des arts et de l'agriculture.

5. Vous serez heureux dans toutes vos entreprises et considéré dans votre état.

6. Après de longues traverses, vous parviendrez à être heureux. Tous vos vœux seront accomplis.

7. Il n'importe, vous êtes un de ces hommes prédestinés au bonheur.

8. Oui, si vous savez abandonner à propos l'étude des sciences et des arts, pour courtiser la femme que vous aimez.

9. Oui, car vos désirs bornés vous donneront le bonheur que vous ambitionnez.

10. Oui, parce que l'austérité de vos mœurs vous rendra un homme recommandable et puissant.

11. Des circonstances heureuses et imprévues vous feront arriver à la fortune.

12. Oui, quelque chose que vous fassiez, vous êtes né pour être heureux.

NEPTUNE III.

Fils de Saturne et de Rhée, était frère de Jupiter et de Pluton. L'empire des eaux lui échut dans le partage de l'univers. Son sceptre était un trident, son char une immense carapace, ses coursiers des chevaux marins; son cortége consistait en plusieurs tritons qui l'accompagnaient en sonnant de leurs conques. Ce dieu épousa Amphitrite, et, chassé du ciel avec Apollon par Jupiter, pour avoir conspiré contre lui, ils allèrent ensemble aider Laomédon à relever les murs de Troie; ce prince ayant ensuite refusé le salaire convenu, Neptune suscita un monstre qui désola le rivage troyen.

Ce dieu est le symbole de l'inconstance et des aventures.

1. Non, vous êtes plutôt né pour faire de longs voyages maritimes.

2. Non, votre vie doit être semée de mille aventures romanesques.

3. De plusieurs marins qui cherchent à vous emprunter de l'argent.

4. Il courra un grand nombre d'aventures, et son inconstance pourra lui procurer des malheurs.

5. Il parcourra des mers lointaines, et il sera frappé de mort, au moment où on s'y attendra le moins.

6. Vous passerez votre vie sur la mer, et deviendrez un corsaire redoutable.

7. Votre vie sera semée d'aventures extraordinaires.

8. Non, vous avez trop de légèreté dans l'esprit, et une variabilité de caractère qui vous nuira beaucoup.

9. Non, car votre caractère léger et inconstant vous attirera des mécomptes nombreux.

10. Non, car vous passerez votre vie entière à caresser des illusions qui ne se réaliseront jamais.

11. Non, parce que les caprices désordonnés de votre imagination vous préoccuperont sans cesse.

12. Par un riche mariage dont vous ne vous doutez pas, vous deviendrez un homme recommandable dans l'État.

PLUTON IV.

Fils de Saturne et de Rhée, dans le partage du monde avec ses frères, Jupiter et Neptune, il eut l'empire des enfers. Ce dieu, rebuté et rejeté de toutes les déesses à cause de sa laideur et du lieu ténébreux de son séjour, inspirait une telle aversion qu'il fut obligé, pour avoir une épouse, d'enlever Proserpine, fille de Cérès, lorsqu'elle cueillait des fleurs avec ses compagnes sur une montagne de Sicile. La nymphe Cyane lui reprochant cette violence, il la changea en fontaine.

Ce dieu ne vous pronostiquera que des choses funestes et désastreuses. On le représente avec une couronne d'ébène, des clefs dans sa main et sur un char traîné par des chevaux noirs.

---

1. Oui, malheureusement, et de grands désastres doivent l'atteindre.

2. Non, mais vous êtes mal né : rien ne doit vous réussir.

3. Jouissez-en promptement, car, hélas! il vous abandonnera sans retour.

4. De quatre amis dangereux qui vous trompent.

5. Il rencontrera, pendant sa vie, des dangers, et il pourra y succomber.

6. Il court risque, dès son bas âge, d'être étouffé par l'incurie de sa nourrice.

7. Prenez garde : votre mauvaise étoile vous pronostique de longs malheurs.

8. Toutes sortes de malheurs vous menacent.

9. Hélas! l'état n'y fait rien : l'infortune vous persécutera toujours.

10. Non, car des querelles fréquentes vous aliéneront le cœur de votre femme.

11. Non, car un destin funeste vous poursuit et s'acharne sur vous sans relâche.

12. Non, parce que votre incapacité patente vous empêchera d'occuper tout emploi lucratif.

MARS V.

Dieu de la guerre et des combats, naquit en Thrace, de Junon et de l'attouchement d'une fleur. La déesse, piquée et jalouse de ce que Jupiter avait enfanté Minerve sans sa participation, chercha le moyen de concevoir sans le secours de son mari. Flore lui indiqua pour cet effet une fleur dont elle fit usage, et elle donna le jour à Mars.

Le caractère féroce de ce dieu ne l'empêcha pas d'être sensible aux appas de Vénus, il la courtisa et obtint ses faveurs. Le Soleil, son rival, s'en aperçut, en informa Vulcain, qui, les ayant pris sur le fait au moyen d'un rets métallique, les exposa ensuite à la risée des dieux.

Mars est le symbole des triomphes et de la gloire; on le représente toujours armé de pied en cap, un bouclier à la main et un coq à côté de lui, parce qu'il métamorphosa en coq Alectryon, son favori, qui faisait sentinelle pendant qu'il était chez Vénus.

1. Oui, à force d'audace et de ruses, ce qui n'est pas très louable.

2. Non, et sa bonne étoile le fera prospérer.

3. Oui, si la guerre survient, vous deviendrez célèbre dans les annales militaires.

4. Oui, et la célébrité ne tardera pas à s'attacher à votre nom.

5. Ne craignez rien; vous triompherez de vos ennemis.

6. Il aura de l'attrait pour la guerre, et il remportera des triomphes glorieux.

7. Il sera un guerrier illustre, et, pendant une longue carrière, il obtiendra des succès éclatants.

8. Vous serez une personne célèbre, et vous pourrez vous acquérir un grand nom par vos succès.

9. Oui, vous serez à la fois aimé des belles et chéri des souverains et des grands.

10. Non; mais, s'il y a dans votre vie des succès, il y aura de graves dangers.

11. Non, car les aventures amoureuses que vous courez seront par malheur connues de votre femme.

12. Oui, mais vous ne réussirez que par l'entremise des femmes.

BACCHUS VI.

Fils de Jupiter et de Sémélé. Lors de sa naissance, il fut mis entre les mains d'Ino, sa tante, qui le soigna avec le secours des hyades, des heuves et des nymphes. Quand il fut grand, il conquit les Indes; puis, en Égypte, il enseigna l'agriculture aux hommes; il planta la vigne et fut adoré comme le dieu du vin. Il se transforma en lion pour dévorer les géants qui escaladaient le ciel, et fut regardé, après Jupiter, comme le plus puissant des dieux. On le représente avec des cornes à la tête, quelquefois assis sur un tonneau, tantôt sur un char traîné par des tigres, souvent tenant une coupe d'une main, et de l'autre un thyrse dont il s'était servi pour faire couler des ruisseaux de lait, de miel et de vin. Bacchus est le symbole de la sincérité et de la franche gaîté.

1. Dans une certaine spécialité assez peu honorable. Vous deviendrez un amateur trop distingué du jus de la vigne.

2. Non, parce que bien souvent vous jouerez, après avoir trop bu et trop mangé.

3. Il voit trop de buveurs, et il s'habitue, hélas! à l'excès des liqueurs fortes.

4. Non, vous êtes plutôt fait pour les plaisirs de l'amour et de la table.

5. Il le serait davantage, si vous ne sacrifiiez pas si souvent au dieu des vendanges.

6. De vous-même, avant tout, car vous avez une franchise naïve dans certains moments d'expansion.

7. Ce sera un jeune homme plein de gaîté et d'abandon, qui, par trop de franchise, commettra des fautes.

8. Né avec un tempérament faible, il lui faut une nourrice qui prenne une nourriture substantielle et qui boive de bon vin.

9. Votre caractère sera franc et gai; seulement, vous aimerez un peu trop les libations.

10. Non, car votre amour du cabaret vous perdra.

11. Vous le devriez, mais vos mauvais penchants vous en empêcheront.

12. Oui, parce que votre caractère gai et franc concordera avec celui de votre femme.

VULCAIN VII.

Vulcain, fils de Jupiter et de Junon, fut à peine né, que son père le précipita, d'un coup de pied, du ciel sur la terre, à cause de sa laideur et de sa difformité. Il tomba dans la mer, où Thétis, fille de Nérée, le reçut, et confia son éducation à ses sœurs. Vulcain, devenu grand, fixa son séjour dans l'île de Lemnos, et au fond du mont Etna, où il forgeait les foudres de Jupiter et les armes des autres dieux. On dit que c'est lui qui inventa les chars pour cacher la difformité de ses jambes. Ce dieu, tout noir et tout mal fait qu'il était, eut pour épouse Vénus, la plus belle de toutes les déesses.

Vulcain, à cause de sa couleur noire, annonce des querelles, des luttes et de rudes travaux.

On le représente à côté d'une enclume, debout, appuyé sur le manche d'un marteau.

1. Vous êtes fait pour les durs labeurs, sans fin et sans repos ni relâche.

2. Hélas! vous passerez pour être la terreur des femmes, et la vôtre vous abandonnera.

3. Non, et cette triste passion vous ruinera et vous suscitera des rixes fâcheuses.

4. Oui, et de là naîtront pour lui des querelles qui lui seront funestes.

5. Non, il vous serait impossible d'obtenir d'autres galons que ceux de caporal.

6. Non, après le soleil, l'orage; comme, après la joie, les chagrins de toutes sortes.

7. De quelques connaissances qui vous entraîneront dans des querelles et des inimitiés malheureuses.

8. Il sera obligé de travailler pour vivre; son caractère le portera aux procès et aux dissensions.

9. L'amour aveugle de sa mère le perdra et sera cause de sa mort précoce.

10. Vous vivrez pauvre en travaillant; vous serez peut-être forgeron.

11. Non, car vous aurez un caractère sombre et tapageur qui vous fera haïr.

12. Non, vous êtes trop faible de complexion pour cela!

PAN VIII.

Fils de Mercure et de la nymphe Dryope, selon les uns, de Mercure et de Pénélope, suivant les autres, fut un des plus grands dieux des Égyptiens, qui le regardaient comme le père de la nature. Ce dieu des bergers est représenté tenant une flûte à sept tuyaux, avec un visage enflammé, homme jusqu'à la ceinture, et tout le reste du corps semblable à celui d'un bouc. Il plut à la nymphe Écho, dont il eut une fille nommée Irynx, qui donna des breuvages à Médée pour se faire aimer de Jason. Il eut beau faire sa cour à la nymphe Syrinx, il lui fut impossible de s'en faire regarder favorablement. Cette nymphe, pour éviter ses poursuites, se jeta dans le fleuve Ladon et invoqua le secours des Naïades, qui la métamorphosèrent en roseau, dont Pan fit une flûte au son de laquelle il faisait danser les nymphes en gardant ses troupeaux.

Ce dieu est le symbole de la joie et du repos.

---

1. Ne vous en plaignez pas : ils vous estiment et vous volent peu.

2. Oui, et vous pourrez vous procurer de la joie et du repos.

3. Oui, en ce sens qu'on cultivera votre société, parce que vous aimerez la joie et la paresse.

4. Oui, plusieurs fois; mais ne jouez plus, après votre gain inespéré.

5. Non, et vous devez l'aimer et l'estimer comme un modèle introuvable d'époux.

6. Votre vocation vous pousse dans un sens contraire, vous êtes un homme de mœurs calmes et douces.

7. Vous ne serez jamais très heureux, mais vous aurez toujours un bien-être assez confortable.

8. De vous-même, de votre insouciante gaîté et de votre paresse insurmontable.

9. Ce sera un jeune homme de mœurs douces et tranquilles, mais porté à la paresse et aux plaisirs.

10. S'il est élevé dans les ris et la gaîté par sa mère, il pourra voir de longs jours.

11. Vous passerez vos jours dans la mollesse, l'oisiveté et le plaisir.

12. Non, car les paresseux doivent mourir de faim dans une société bien organisée.

APOLLON IX.

Fils de Jupiter et de Latone. On prend communément Apollon pour le soleil qui nous éclaire, et alors on l'appelle Phœbus et on le représente sur un char traîné par quatre chevaux. Apollon est regardé comme le maître des muses, l'inventeur de la médecine, de la poésie et de la musique. Il est à la fois devin, oracle et poète, et porte une couronne de laurier sur la tête et une lyre à la main. Si on le considère comme guerrier, il est armé d'un arc et de flèches; c'est lui qui tua le serpent Typhon, dit Python par anagramme. Chassé du ciel, il fut contraint de se mettre au service d'Admète, roi de Thessalie, pour garder ses troupeaux, que Mercure vint lui dérober. Rétabli dans les droits de la divinité, il fut chargé de répandre la lumière dans l'univers. Il annonce le goût des arts et de la poésie.

1. Oui, parce que vous avez en vous quelque chose de plus séduisant que la beauté : c'est la grâce.

2. Mon Dieu, vous avez en eux une confiance entière, parce que vous ne vous doutez pas de leur avidité pour le gain.

3. Quelque peu, mais les arts que vous aimez ne rapportent guère.

4. Oui, dans les arts et la poésie, si vous vous livrez à vos goûts.

5. Jamais, et vous jouerez jusqu'à la mort.

6. Non, mais ses goûts trop artistiques l'empêcheront de réussir.

7. Non, vous êtes un artiste, et la guerre tue les arts

8. Non, car dans l'art on cueille plus d'épines que de roses.

9. Des artistes qui vous séduisent et vous font perdre votre temps.

10. Il sera poète, il aura le goût des arts et des ouvrages d'imagination.

11. Une étude assidue, un travail constant débiliteront sa santé et le conduiront au tombeau, regretté de ceux qui l'auront connu.

12. Vous serez un poète, un peintre ou un musicien de haut mérite.

MERCURE X.

Fils de Jupiter et de Maïa, naquit en Arcadie. Junon le nourrit de son lait. Mercure, étant entré dans la forge de Vulcain, lui vola ses outils; il vainquit Cupidon à la lutte. Il enleva le sceptre de Jupiter, et il essaya de voler ses foudres. Il devint le messager et le confident de ce dieu, et il fut quelque temps son échanson. C'était lui qui conduisait les âmes aux enfers, avec pouvoir de les en retirer. Sa tête est couverte d'un chaperon portant des ailes, il en a aussi d'attachées aux talons. Mercure vola les bœufs qu'Apollon gardait chez Admète. Il inventa la lyre, dont il se servit pour endormir et tuer Argus, qui gardait la vache Io, et qu'il échangea avec Apollon pour le caducée qu'il porte.

Mercure est le dieu du commerce et des voleurs. Il promet des dignités passagères.

1. Toujours trop tôt. Vous devriez profiter d'une première leçon.

2. Non ; voilà pourquoi vous faites bien de n'être pas trop rebelle à présent.

3. Non, ils vous pillent, et c'est votre faute.

4. Oui, mais vous le dépenserez aussi promptement qu'il viendra.

5. Un peu, mais vous en abuserez en vous ruinant, si vous n'y prenez garde.

6. Quelquefois, mais vous perdrez le triple et le quadruple.

7. Non, mais il est trop léger et trop inconséquent.

8. Vous pourriez y réussir, mais ce n'est pas votre but.

9. Non, car Mercure influe sur votre vie, et il vous annonce des joies de courte durée.

10. De vous-même et de votre légèreté qui vous pousse dans un même jour à des sentiments contraires.

11. Il sera commerçant, et il aura assez d'adresse et de ruse pour faire une brillante fortune, que, peut-être, il perdra plus tard.

12. Ses talents le rendront immortel.

LES DÉESSES.

VESTA XI.

Fille de Saturne ; cette déesse est, comme Vulcain, le symbole personnifié du feu. Pour indiquer que le feu est éternel comme le monde, on établit des vestales qui faisaient vœu de chasteté, et étaient chargées d'entretenir un feu pur et continu sur l'autel de la déesse. Les Romains enterraient vivantes les prêtresses qui, par négligence, laissaient éteindre le feu sacré confié à leurs soins, ou qui avaient donné atteinte à leur virginité. Vesta est l'emblème de la vertu, de la vigilance et de la virginité. On la représente assise, des fleurs sur la tête, tenant un tambour dans sa main et des animaux de toute espèce qui viennent lui faire des caresses.

---

1. Non, vous épouserez dans peu une femme que vous croirez une vestale, et qui fera un faux pas déshonorant.

2. Vous avez juré en vous-même de ne plus y songer.

3. Assez longtemps, mais restez toujours coquette, et ne succombez jamais.

4. Ils le seraient davantage, si vous les surveilliez plus.

5. Oui, si vous continuez à tenir aussi ponctuellement vos promesses.

6. Non, seulement on vous regardera toujours comme un homme de mœurs austères.

7. Il vous permettra d'épouser une femme que vous n'aimerez pas.

8. C'est un prototype de vertu ; mais, vous le savez, il manque de passion en tout.

9. Jamais ; la carrière des armes vous est, du reste, très antipathique.

10. Oui, et vous le devez à votre irréprochable conduite.

11. De quelques dévots étroits qui vous rapetissent l'esprit et cherchent à vous inspirer des terreurs ridicules.

12. Il aura beaucoup d'esprit et d'adresse, et il arrivera à la renommée par le commerce des femmes.

CÉRÈS XII.

Fille de Saturne et de Cybèle, et sœur de Jupiter, de Neptune, de Pluton et de Junon. Elle voyagea longtemps avec Bacchus, en enseignant l'agriculture. Pluton lui ayant enlevé sa fille Proserpine, elle alluma deux flambeaux sur le mont Etna pour la chercher de jour comme de nuit. Cérès, en cherchant Proserpine par mer et par terre, arriva à la cour de Triptolème, où elle fut si bien reçue que, par reconnaissance, elle enseigna à ce prince l'art de labourer la terre. Instruite par la nymphe Aréthuse que sa fille était aux enfers, elle y descendit aussitôt, mais Proserpine n'en voulut pas sortir. Jupiter, pour soulager la douleur de Cérès, ordonna que sa fille passerait six mois avec elle et les six autres avec son mari. Cérès, déesse des moissons, pronostique le bonheur de la richesse et de l'abondance. On la représente les mamelles gonflées, tenant d'une main une faucille et de l'autre des épis dont elle est aussi couronnée.

1. Oui, mais vous n'aurez pas eu le temps d'en profiter.

2. Non, à votre âge les passions bouillonnent trop pour que vous ne cherchiez pas à les appliquer.

3. Tout votre bonheur dépend du célibat que vous garderez.

4. Vous serez toujours plus riche d'écus que d'amants.

5. Non, mais vous êtes assez riche pour ne pas vous apercevoir de leurs dilapidations.

6. Oui, et vous êtes sur le point de faire fortune.

7. Oui, comme fortune, et jamais comme esprit.

8. Oui, vous êtes du petit nombre de ceux qu'il enrichira.

9. Oui, et si cela continue, il y dévorera sa fortune.

10. Non, vous êtes assez riche pour vivre dans le repos et la tranquillité de la famille.

11. Vous seriez toujours heureux, si l'argent était le garant du bonheur.

12. De quelques gens plus riches que vous, qui s'efforceront de vous ruiner.

VÉNUS XIII.

Déesse des plaisirs et mère de l'Amour, fille de Jupiter et de Dioné, selon les uns, selon les autres, née des parties mutilées de Cœlus, mêlées avec l'écume de la mer. Une conque marine lui servit de berceau, et les zéphyrs la transportèrent dans l'île de Chypre, où elle fut élevée par les nymphes. Quoique la plus belle des déesses et toujours accompagnée par les Grâces, elle fut mariée à Vulcain, le plus laid des dieux : aussi s'en plaignait-elle amèrement, et s'en consolait-elle en lui faisant une foule d'infidélités. Cette déesse fut surprise dans les bras de Mars par le jaloux Vulcain, qui enferma les deux amants dans des filets enchantés. Elle avait une ceinture qui avait le don infaillible d'inspirer de l'amour. Elle présidait à tous les plaisirs et était en grande vénération à Lesbos, Amathonte, Idalie, Paphos et Cythère. Vénus est le symbole des jouissances des sens, des ivresses de l'amour. On la représente sur un char traîné par des moineaux, par des colombes ou par des cygnes.

1. Par malheur pour vous ; en vous aimant, elle aimera à peu près tous les hommes.

2. Oui, mais les excès des passions sensuelles abrègeront vos jours.

3. Il y a longtemps qu'il est enchaîné aux jupons de toutes les belles.

4. Dans peu ; mais les plaisirs de l'amour vous causeront de nouveau bien des chagrins.

5. Vous êtes destinée à faire soupirer bien des hommes et à n'aimer personne.

6. Votre inconduite est cause de leurs malversations.

7. Vous en gagneriez beaucoup, si vous étiez moins préoccupé de banales amours.

8. Oui, dans tout ce qui a trait aux escapades amoureuses.

9. Non, il videra votre bourse, tandis que l'amour ruinera votre santé.

10. Beaucoup trop, et sa réputation en souffre horriblement.

11. Oui, si, comme chez les Grecs, des courtisanes suivaient nos armées.

12. Non, car si l'amour a des ivresses, il entraîne des remords cuisants.

AURORE XIV.

Fille de Titan et de la Terre, sœur du Soleil et de la Lune, et mère des astres et des vents. Elle préside à la naissance du jour. On la représente avec des ailes et une étoile au-dessus de la tête ; ou dans un palais de vermeil, montée et traînée sur un char attelé de chevaux blancs. Elle aima tendrement Tithon, jeune prince célèbre par sa beauté, fils de Laomédon ; sa tendresse pour lui fut si grande, qu'elle l'épousa et lui obtint l'immortalité ; mais elle ne put lui obtenir la grâce de ne point vieillir. Tithon, arrivé à une extrême vieillesse, trouva la vie si ennuyeuse qu'il conjura l'Aurore de le faire mourir, et elle le changea en cigale. Plus tard, elle aima Céphale, qu'elle enleva à sa femme Procris. Elle enleva aussi Orion, et après lui beaucoup d'autres. Cette déesse, aux doigts de roses, au teint vermeil, annonce la fortune.

---

1. Non, vous avez assez de prudence et d'esprit pour jouer à découvert.

2. Elle aimera avant tout à cumuler de l'argent, que vous dépenserez dans les excès.

3. Oui, et les pénibles travaux de votre vie seront ainsi légitimement récompensés.

4. Non, une femme riche le captivera bientôt.

5. Bientôt, mais si votre seconde femme vous apporte de la fortune, elle vous fera grandement enrager.

6. Oui, mais ils rechercheront plutôt votre argent que vous-même.

7. Non, mais ils ressemblent aux valets de tous les temps.

8. Oui, mais ils vous faut une persévérance invincible.

9. Oui, dans la manière par laquelle vous arriverez à la fortune.

10. Il vous favorisera, mais soyez prudent.

11. Non, et il vous fera riche comme il vous rend heureuse.

12. De brillants emplois vous sont réservés dans cette carrière.

BELLONE XV.

Appelée aussi Duellone, déesse de la guerre, et sœur de Mars. Elle préparait à ce dieu son char et ses chevaux lorsqu'il allait aux combats. Elle est représentée tenant un fléau ou une verge teinte de sang, les cheveux en désordre, la colère peinte sur la figure et les yeux enflammés. Cette déesse marchait à la suite de Mars, excitant les guerriers dans les combats. Elle avait des prêtres nommés Bellonarii, qui lui sacrifiaient leur propre sang.

Bellone annonce la vengeance et toutes les passions violentes.

1. Non, et il doit en résulter plus tard pour elle une vengeance terrible.

2. Oui, et cette nouvelle amènera pour vous une affreuse catastrophe.

3. Je n'ose vous le dire : elle aimera la vengeance comme une femme corse.

4. Non, vous succomberez, victime d'une vengeance infernale.

5. Non, par malheur; car les résultats de votre amour seront terribles.

6. Trop tôt, puisque de cette seconde union résulteront pour vous des malheurs affreux.

7. Oui, mais votre vie sera agitée de passions fougueuses.

8. Non, mais vous ne tarderez pas à les en corriger.

9. Oui, parce que vous pourrez vous venger d'un ennemi acharné.

10. Oui, mais il serait à désirer que ce qui vous la donnera n'eût jamais eu lieu.

11. Hélas! il causera tous vos malheurs, qui seront grands!

12. Oui, et les femmes qu'il a séduites attireront sur lui et sur vous d'épouvantables infortunes.

JUNON XVI.

Fille de Saturne et de Rhéo, déesse des royaumes, reine des dieux, épouse de Jupiter, son frère jumeau. Les nymphes, filles de l'Océan, l'élevèrent. Jupiter, avant de l'épouser, la trompa sous la forme d'un coucou. Elle donna le jour à Mars, Vulcain et Hébé. Elle fit mauvais ménage avec Jupiter, qui, à la vérité, lui fournissait sans cesse des sujets de jalousie. Elle disputa la pomme de Pâris avec Vénus et Minerve, et, ne l'ayant pas obtenue, elle jura une haine implacable aux Troyens. Elle confia à la garde d'Argus Io, fille d'Inachus, que Jupiter métamorphosa en vache pour la soustraire à ses persécutions. On la représente sur un char traîné par des paons, et un autre paon auprès d'elle avec une couronne de lis et des roses sur la tête.

Junon annonce les richesses et les grandeurs.

1. Oui, parce que vous avez des amis puissants qui s'intéressent à vous.

2. Oui, et c'est à son affection constante que vous devrez plus tard de grandes richesses.

3. Non, et à force de souplesse et de ruse machiavélique vous arriverez à une grande fortune.

4. Elle sera ambitieuse et vaniteuse, mais elle vous enrichira.

5. Oui, mais vous serez accablé de peines morales.

6. Non, et la femme aimée vous poussera aux grandeurs.

7. Avant deux ans, et vous deviendrez un personnage important.

8. Non, car ils s'apercevront vite que vous leur préférez les grandeurs et le luxe.

9. Non, et vous en avez un qui s'enrichit à vos dépens.

10. Oui, et le destin vous ménage une brillante position.

11. Oui, vous parviendrez aux grandeurs sans vous y attendre.

12. Si vous m'en croyez, ne jouez jamais, car tout votre argent y passerait.

PROSERPINE XVII.

Fille de Jupiter et de Cérès, cueillait des fleurs avec ses compagnes, sur une montagne de Sicile, quand Pluton, indigné d'être obligé de vivre dans le célibat, l'enleva, en fit son épouse et la proclama reine des enfers. Cérès, pour ravoir sa fille, s'adressa à Jupiter, qui promit de la lui faire rendre, pourvu que Proserpine n'eût rien mangé pendant son séjour dans cet empire ténébreux. Dénoncée par Ascalaphe d'avoir mangé une grenade, elle fut forcée de demeurer six mois avec Pluton et six mois avec sa mère. On la représente sur un char traîné par deux chevaux noirs, tenant un pavot à la main. Cette déesse préside aux choses cachées, aux mystères.

1. Une honnête fille doit toujours les craindre, quand même la famille n'en saurait rien.

2. Oui, si vous voulez payer au poids de l'or vos avocats.

3. Cette question est très délicate ; agissez envers elle comme si vous étiez sûr de sa fidélité.

4. Que vous importe, si vous réussissez?

5. Si vous le saviez, vous ne l'épouseriez pas.

6. A quoi bon le savoir? Pour être heureux, il faut le croire.

7. Il ne l'est plus, et vous n'aurez pas assez de force virile pour le dégager de ses liens.

8. Vous deviez être assez sage pour n'y jamais songer.

9. Contentez-vous du contingent actuel, sans vouloir plonger dans l'avenir.

10. Pourquoi cette demande indiscrète? Tenez-vous sur vos gardes.

11. Ceci dépend de votre habileté et de votre discrétion.

12. Mieux vaut pour vous avoir une conscience nette.

DIANE XVIII.

Fille de Jupiter et de Latone, et sœur d'Apollon, naquit dans l'île de Délos; elle avait la passion de la chasse, où elle se faisait accompagner par plusieurs nymphes. Elle changea en cerf Actéon qui l'avait surprise, un jour qu'elle se baignait, pour le punir de sa témérité. Diane aima tendrement le berger Endymoin, et elle quittait souvent le ciel pendant la nuit pour le visiter, malgré le projet qu'elle avait formé de conserver sa virginité. Cette déesse avait à Éphèze le temple le plus magnifique. On la représente avec un arc et un carquois plein de flèches, montée sur un char tiré par des biches.

Cette déesse pronostique les plaisirs de la table et les amusements bruyants.

---

1. Oui, mais votre amour excessif des bals et des fêtes publiques vous en fera détester.

2. Oui, car ils entraînent trop souvent à des dîners en tête-à-tête toujours dangereux.

3. Non, parce qu'au lieu de vous en occuper, vous ne songez qu'aux plaisirs.

4. Oui, malgré sa grande coquetterie et son amour excessif des plaisirs du monde.

5. Elles ne le seraient pas, si vous ne les révéliez de temps à autre, au milieu des orgies.

6. Elle sera gourmande; elle aimera la table, les liqueurs et les plaisirs bruyants.

7. Non, et vous courez le risque d'être frappé d'apoplexie au sortir d'un dîner trop copieux.

8. Oui, vous n'aimez que deux choses, la table et les bals.

9. Jamais : vous ne vous plaisez que dans les fêtes, la danse et les spectacles.

10. Non, en vous l'amour des plaisirs bruyants tuera les ivresses du cœur.

11. Bah! êtes-vous, de votre côté, fidèle à vos engagements?

12. Non, parce vous aimez trop les passe-temps bruyants et la bonne chère.

MINERVE XIX.

Déesse de la sagesse, de la guerre et des arts, fille de Jupiter, qui la fit sortir de son cerveau armée de pied en cap, par un coup de hache que lui asséna Vulcain. Elle eut avec Neptune un différend à l'occasion du nom qu'il fallait donner à Athènes. Les dieux, juges de ce différend, établirent que celui qui produirait la chose la plus utile aurait cet honneur.

Elle fit sortir de terre, avec sa lance, un olivier tout fleuri, et Neptune, d'un coup de son trident, fit naître un cheval. La déesse obtint tous les suffrages et donna son nom à la ville de Cécrops. On la représente le casque en tête, une pique à la main et l'égide au bras, comme déesse de la guerre, ayant auprès d'elle une chouette et divers instruments de mathématiques comme déesse des sciences et des arts. Minerve est le symbole de la sagesse et de la chasteté.

1. Oui, si vous continuez à suivre les conseils de la sagesse que l'on vous donne.

2. Oui, si vous continuez à vivre sagement et prudemment, comme vous avez commencé.

3. Vous êtes trop sage et trop judicieuse pour adresser cette question.

4. Oui, si vous savez prendre toutes les mesures que la prudence suggère.

5. Oui, c'est la vertu en personne.

6. Oui, mais les bons conseils que l'on vous donne vous feront rentrer dans le droit chemin.

7. Ce sera un trésor envié de tous; elle sera prudente et chaste comme Minerve.

8. Oui et non : votre bonne conduite vous fera acquérir une honnête fortune.

9. Oui, vous n'avez que des vertus de tempérament. Vous maîtrisez vos sens sans effort.

10. Bah! vous regardez trop un second hymen comme une absurdité.

11. Oui, et vous le devrez à votre modestie proverbiale.

12. Non, quoiqu'ils aient devant eux un beau modèle de probité.

THÉMIS XX.

Fille du Ciel et de la Terre, déesse de la justice; ses fonctions sont de donner des préceptes aux hommes pour ne rien faire que d'équitable et de permis. On la représente tenant d'une main une balance et de l'autre une épée avec un bandeau sur les yeux, pour signifier que la justice ne doit pas se laisser séduire par la beauté et la magnificence. Elle refusa d'épouser Jupiter qui l'y contraignit, et elle eut de lui la Loi et la Paix. Cette déesse, indignée des crimes qu'elle voyait commettre aux hommes, retourna dans le ciel avec les autres dieux, et Jupiter plaça sa balance au nombre des douze signes du zodiaque. Le symbole de Thémis est la justice et l'équité.

---

1. Oui, et c'est une justice que le ciel doit pour ainsi dire à votre probité et à votre excellente conduite.

2. Oui ; si vous écoutez les leçons des personnes probes qui s'intéressent à vous.

3. Votre mari sera laid, mais honnête homme.

4. Sans nul doute, car tous les amants sont perfides.

5. Oui, si les juges consultent l'équité, ce qui n'est pas prouvé.

6. Malgré vos appréhensions, elle ne saurait vous porter plus de véritable affection.

7. Votre malheur, c'est-à-dire la cause de votre infériorité sociale, vient de ce que vous ne savez pas vous servir d'intrigues, même légitimes.

8. Elle vous aimera par devoir, et jamais d'amour.

9. Cela devrait être ; mais aujourd'hui la ruse l'emporte sur l'équité.

10. Non, vous épouserez bientôt une femme pleine d'honnêteté et d'affection.

11. Oui, et vous prendrez une femme pleine de cœur et d'esprit.

12. Oui, et vous êtes assez belle et assez sensible pour cela.

FLORE XXI.

Déesse des fleurs et du printemps, femme de Zéphyre. Lorsque les femmes célébraient les fêtes de cette déesse, appelées les jeux floraux, elles couraient nuit et jour, en dansant au son des trompettes, et celles qui remportaient le prix à la course étaient couronnées de fleurs. On la représente ornée de guirlandes; auprès d'elle sont des corbeilles pleines de fleurs.

Suivant une autre tradition, Flore aurait été une fameuse courtisane qui, après avoir amassé de grands bien en exerçant son infâme profession, fit le peuple romain son héritier, ordonnant en même temps qu'une certaine somme serait employée tous les ans pour célébrer l'anniversaire de sa naissance; ce jour-là on se livrait à des jeux appelés *Floraux*. Dans la suite, le sénat, afin de donner à cette fête un prétexte décent, ordonna que Flore serait honorée comme déesse des fleurs.

Flore est le symbole des plaisirs fugitifs, des joies éphémères.

1. Oui, pour vous posséder; mais, hélas! après ne vaudra jamais avant.

2. Non; vous avez passé avec lui des jours bien heureux, mais ils ont fui sans retour.

3. Non, il faudrait pour cela régulariser votre vie, et songer sérieusement à votre avenir.

4. Il ne sera ni beau ni laid, et le bonheur que vous goûterez avec lui sera court.

5. Oui, car un instant de plaisir vous coûterait des remords éternels.

6. Non, malgré la bonne opinion que vous en avez.

7. Quand elle ne le serait pas, que voulez-vous y faire. Est-ce qu'on est jamais certain de la vertu d'une femme?

8. Vous ne le croyez pas, mais un hasard particulier vous perdra.

9. Elle vous fera oublier, vers la fin de votre union, le bonheur qu'elle vous aura donné au commencement.

10. Non, quoique dans ce moment votre position soit très belle.

11. Non, mais les fausses joies de l'amour vous lasseront bien vite.

12. Non, car vous vous trouvez trop mal de votre premier mariage.

CYBÈLE XXII.

Mère des dieux et des hommes, fille du Ciel et de la Terre, et femme de Saturne, avait été exposée après sa naissance aux bêtes féroces, qui en eurent soin et la nourrirent. On la représente avec une couronne de tours sur la tête, une clef à la main, avec un vêtement parsemé de fleurs, et sur un char traîné par quatre lions. Ses prêtres, appelés Galles, Corybantes, Dactyles, célébraient ses fêtes en dansant autour de sa statue, avec une certaine cadence et en faisant des contorsions épouvantables.

Cette déesse s'appelait encore Ops (l'abondance), Rhéa, Dindimène, Bérécinthe, la Bonne Déesse, Idéa, Pésimentia, la Grand'Mère des dieux, quelquefois aussi Vesta.

Cybèle est le symbole de la force et de la fermeté dans l'infortune.

www.ingramcontent.com/pod-product-compliance
Lightning Source LLC
LaVergne TN
LVHW050542100826
845148LV00002B/651